JN410702

여자가 테라스에 앉아 있다

시와사상 시인선 25

여자가 테라스에 앉아 있다

최귀례 시집

시와사상사

자서

세월이 더해갈수록
시 쓰는 일이 어려워진다.
정서가 메말라가는 탓이다.

시는 나의 물이며 찻잔이다.

2016 가을 예향 다원에서
최 귀 례

차례

제 2 부

차례

제 3 부

제 4 부

제1부

피라칸사스

눈 감으면 그대
선명한 웃음소리 메아리친다
시간을 벗겨가는 풍경 너머
붉은 여백은
싱그러운 풍선처럼
날아오른다
부신 별빛 사이로
걸어가는 발자국마다
환하게 초록빛 문이 열리고
트인 그대 이마 아른거린다
그대 입김에 불어나는
눈보라
뜬구름은 출렁거리고
하얀 눈발에 파묻힌
푸른 잎들이 지칠 줄 모르는
환상이 되어 얼어붙는다
그대
피노키오처럼 서서
따스한 잠 깨우고 있다

도시의 베란다 1

빌딩 숲을 걸쳐 나온 여자가
이층 버스에 오른다
낯익은 손을 흔들며
엑소디움 사람들의 훈훈한 가슴이
애틋하게 어루만진다
해풍으로 흔들리는 차창 밖
출렁거리는 어선들
빛나는 불빛은 만선이다
바다로 열린 문이 흔들리고
북항을 향해 시동을 건다
입김으로 둘러친 그리움
빗장 푼 찰라
진분홍 머플러가 말문을 튼다
야윈 청춘들의 저녁
서툰 언어로 튀어나오고
잔잔한 기억들
새벽 들창을 여민다

초연한 물보라가 이랑 속으로 투신한다

빈 컵

더운 김이 풀어지며
한 모금 남은
구릿빛 물을 삼킨다
빈 글라스의
안과 밖이 동시에 차오른다
슬픈 것에 대한
잊혀 진 것들의 기억
시간을 찾아가며
깨우고
비워내는 자리
가라앉은 초승달 떨고 있다
물기 가신
입술 언저리에
짙은 어둠을 칠하며
바다는
청동거울을 주조하고 있다

다운타운

S은행 수납 창구에서
돈을 세고
장단 맞추는 눈길
창밖으로 미끄러진다
맥시 코트 속의 어렴풋한 추억 떠오르고
자아내는 눈송이 보드랍다
연한 갈비뼈 녹아내리면서
청승을 떤다
소공동 마로니에 카페가 내미는
유리잔의 슬로우진 입술
향긋하게 스며든다
지폐를 묶는 손가락 후들거리고
괘종시계의 기다란 추
잰걸음으로 튕기던 주판알
싸락눈으로 떨어진다
곁눈질로 훔쳐보는
미니스커트의 부츠들
갸웃이 흐린 시선을 휘두른다
하얀 밤
그윽한 비틀즈의 예스터데이 날아오르는

명동 성당 앞
외등이 흔들리고 있다

존재론

햇볕 한 줌
익힌 적 없었어
그대 노을처럼 황홀한 빛깔로
찾아주었어

만나는 순간 쏜살같이
그대의 갑옷을 벗기기 시작했어
이글거리는 눈빛에
쉼표를 찍었어

인기척 없는
먼 봄날부터
종갓집 불빛 자상한 손길은
태동하고 있었어

불러준다는 것은
살아있는
그대의 이유라는 것을
어제 깨달았어

물음표에 덧붙여
따옴표가 아니란 것을
비로소 알게 되었어

무이차

가을 한낮
피어오르는 한잔의 햇살
유리잔에 넘실거린다
하얀 안개를 마시는 여자가
목젖을 당기며
호젓이 절벽을 따라나선다
해맑은 허공을 재단한 초록 숲
가로질러 빗금 내리긋는다
뛰어오르는 졸음 끄집어낸
뇌리 속의 방랑자
젊은 우롱이
산수 가득한 계곡에서 새어 나온다
산 이슬 베어 눈 뜨는 찻잎
옆구리마다
서늘한 목숨 서리고
우롱이 깨어난 자국에 얼이 열린다
무이산의 그늘에 가슴 풀어주는
풀림의 물방울
푸른 찻잔에 떨어진다

입동 며칠

꽃보다 환한 정원석에 시선이 닿으면
시스루 스커트를 입힌
굵직한 나무의 허리가
여며지지 않는
슬픔을 적신다

잎들은 이따금 마른 소리를 내며
어디론가 달려가고
비어버린 허공이
끝없는 가슴을 펼치고 있다

가을에 들뜬 그물 치마는
짧은 다리를 벌린 채
기둥이 되어준 나무둥치에 기대어
초조하게 떨고 있다

숨이 멎는 적막한 순간이
햇살을 말리면
겁에 질린
너도밤나무 허리를 껴안는다

입동 이후

나는 전통시장을 지나가면서
장바구니에 북새통을 끌어 담는다
이름 불러 주기를 기다리며
목 길게 뺀
철 지난 가을길이 쓰러져 있다

파편처럼 주워 담은
한겨울 잔해들의 피비린내가
기억나지 않는 국적 불명의 전쟁터에서
잃어버린 전상사의 들판으로
썰렁한 목발을 짚고 간다

신종 비닐지붕이 허우적거리고
지평에서 건져온
잽싼 육질을 손질하는 싱싱한
마마손
우거진 숲 곳곳마다 주눅 든 눈치다

갓 나온 봄풀 옷깃 여미는
꽃가게 앞에서

숫자에 불과한 오백 년의
푸조나무 부부가 손짓을 하고 있다

손금

깍지 낀
엄지손톱을 보고 있다

무심히 뒷짐 지고 살아온
동갑내기의 새끼손가락
마주치는 시선
탁 트인 창가에 걸려 있다

낡은 셔츠에 붙은 라벨에
무지개가 뜬다

집 떠난 여자 목덜미에 감긴
국적 없는
알파벳 문신의 기억
파노라마를 타고 달려온다

빨간 머플러의 낯빛
짙게 감도는 여운이
설렘의 날개를 접는다

끊임없이 덜어낸
오월의 갈피 속에서
눈물로 핀
별꽃 저물어간다

그대 그림자 2

해 질 무렵
스산한 뒷골목에서
사발시계의 쉰 소리가
울다 지쳐 흔들린다
소란스런 흔적의 빈 도시가
저물어 간다
쓸쓸히 사라지는 잿빛 허공
슬픈 어깨가
굵은 그림자 얼싸 안는다
어둠에 지친 뒷골목에서
두 시 쪽으로 가는 시침은
잘려나간 가슴이다
진저리 치는 그리움이 떨어진다
소리는
앉은뱅이책상 위에 흘린 잉크 방울
낡은 피사체 한 장이
고막을 뚫는 정겨운 소리 더듬어
편지를 쓴다

글자를 짓던 펜촉이 꽂혀 있다

정오의 유화

초가집 토방 앞
빨간 햇살을 든
여자가 문을 나선다
자작나무 그늘에
또 하나의 그림자
해바라기 하는 삽살개는 한밤중이다
탱자나무 울타리에 널린
정오의 기억을
삼켜버린 하현달
이마 위로 떠오른다
단발머리 소녀의 잠꼬대는
빨간 액상을 가을의 칸에 집어넣고
노란 색깔을 푼다
동공을 굴리는 붉은 원피스 뒷덜미
지퍼가 열린다
붓을 든 여자는
허기진 갈증을 채우고 있다

캔버스로 떨어지는 눈물에 젖어
반항하며 솟아오르는
파도는 기어이 산으로 오르고 있다

컴퓨터 앞에서

궁색한 자판을 부채질하며
바람을 말리고 있다
장독대 옆
대추나무 귓불에 걸린
긴 간짓대 하나
주인 없는 원피스 허리를 물고 있다

부재중인 바짓가랑이 거꾸로 일어서는
지퍼 열린 앞섶
가출한 떠돌이의 아내 이름을 되뇌인다

옥상에 벗어 던진 달그림자
주저리 오르내리는
고즈넉한 사유 속에서
잠든 칩을 누른다

주저앉은 파일의 흔적을 삽질하는
부질없는 상처가
퉁명스럽게 날아다니고
낯익은 문장들이 신명나게 걸어 다닌다

캡슐 속에서 눈 뜬
몽블랑 주점의 불빛이
빗금을 긋고 있다

여자가 테라스에 앉아 있다 1

여자는
테이블 위 투명한 유리잔의
노란 하현달
빨간 버찌를 물고 있다
칵테일 드레스를 입은 별들은
스크린 창을 걷어내며
분산되는 시선들의 포물선을 긋는다

하얀 힐 사이에 마주치는
스마트한 앵글의 시야
심장 속에 떨어진 불씨가 일어선다

캔버스의 신발 따라
샹들리에 불빛 아래 피는 꽃들
기진맥진
시소를 타고 있다

여자가 테라스에 앉아 있다 2

만돌린을 연주하는 그대
바다 쪽으로 향한
나무의자에 앉아
수평선을 응시한다

자주색 커튼이
하얀 창가에 비스듬히 펄럭이며
잔잔히 읊조리는
슬픈 크리스털 찻잔이 흔들린다

희미한 저녁노을이
유난히 긴 머플러가 되어
그대 목을 감싸는 동안
금빛 물살 난무하는
이랑 속으로 치어 떼가 몰려온다

수심 가득한
눈빛이 먼 허공을 좇아
싱크로나이즈를 추며
파도를 타고 떠난다

여자가 테라스에 앉아 있다 3

헬스복을 입은
헤어밴드가 뛰고 있다
앙다문 이빨 사이로
거친 호흡 내뿜을 때마다
잔잔한 바다는 요동친다

가쁜 숨을 토하는
얼비친 요트장이
스크린 속으로 미끄러진다
출렁거리는 비곗덩어리 질타하며
타이머에 올라탄 기름진 숫자들
계류장을 빠져나온다

낮은 울타리로 솟구치는 비둘기 떼
출항 서두르는
코베아크루즈 허리춤으로 돌아가고 있다

불현듯
환한 웃음을 띠며
무지개 길 거니는

한 송이 베고니아꽃
파란눈자위가 끊임없이
푸른 물결 속으로 뛰어들고 있다

여자가 테라스에 앉아 있다 4

까만 부츠를 신은 소녀가
승강기 앞에 서 있다
쳐진 어깨에 걸친
숄더백 안에서
스마트폰을 매만지는 소녀가
카카오톡을 외치며 부르짖는다

나란히 서있는
신발들끼리 시선을 나누며
푸른 아이라인을 그리는 동안
이어폰 밖에서
현란한 스텝을 밟는다
한밤의 서치라이트는
저 혼자 팔을 흔든다

깜박이는 아라비아 숫자에
못 박힌 눈동자
일제히 중얼거리며 등장하는
중년의 사내에게 길을 가리킨다

입술에
빨간 그믐달을 매단 그대
소란스러운 입 가장자리 덧칠하며
그리다 만
미완성 밤하늘을 휘두르고 있다

여자가 테라스에 앉아 있다 5

요염하게
떨리는 붉은 입술이
발코니의 눈길과 마주친다

아네모네 피시
파란 지느러미 유유히 흔들리고 있다
샹들리에 불빛 외면한 난간에서
그대 그림자를 좇는다
노란 하이힐 자국마다
대좌하는 수족관은 경련을 일으킨다

그대 이마에 떨어지는
희미한 하얀 달빛
유리수조로 빠져들면
스테인드글라스는 부스로 잔걸음 친다

현란한 크리스털 글라스의
시린 눈시울
하얀 테이블 너머
불타고 있다

제2부

체스게임

내가 크라이슬러의 사랑의 기쁨을
첼로 풍으로 연주하는 동안
벽시계가
두 개의 바이올린으로 응원을 한다

카펫이 깔린 테이블 저쪽
피아노를 치는
어둠의 가장자리에 앉아
체스 하는 남자가
왼손을 괸 체 비숍을 쏘아본다

거실을 채우는 리듬이
남자의 떨리는 손가락을
잔잔히 녹이고 있다

멜로디가 멈추자
그윽한 눈길로 끌어안는
불빛의 어깨 뒤로
무서운 성석이 체스판을 누른나

해우소에서

나는 전성기를 지난 눈자위에
빗금 하나 그려 넣는다
매직으로 갓 그은
일방통행로 막다른 눈꼬리에서
좌우를 살핀다
그 희미한 동공의 언저리를
보수하던 중
떨어뜨린 눈썹 하나가 진저리치고 있다
커다란 빗자루 집어 들고
굴러다니는 가시들을 쓸어버린다
나는 몸부림치는 입술 가장자리의
낡은 물살을 배회한다
연둣빛 살점들
스펀지에서 덜어낼 때마다
주름진 미로
백미러 속에서 풀어지고 있다

예향 다원

차꽃이 피면
그대 그다지 부끄러워
초록 치마폭에 숨어 있다
얼굴 내미는 몸짓
다사로운 햇빛 그윽하다
서둘러 옷을 벗는 천리향
온 몸을 비비대며
빛이 고이는 곳을 서성거린다
그대 지친 육신
겨울나기에 부산하다
웃자란 더벅머리 자르는 사이
벌거벗은 아랫도리는
육중한 이불을 덮고
너의 뜨락은
눈꽃으로 피어난다
차꽃 향으로
소란스러운 내 가슴은
아득한 강물로 흐른다

불안한 휴식

맑은 하늘이 앉아있는 카페를
스캔하고 있다
두 손에 파란 가시풀을 든
여자를 스케치하는
베레모의 남자가 여유롭다

언뜻
창문 사이로
이글루형의 집 몇 채가
시야에서 사라진다
바람에 흔들리는 애드벨룬
사막을 굽는
땡볕의 그물이 된다

날카로운 모래로 유혹하는 고통
불타는 햇볕 사이
낙타의 생 이어진다
홀로 서 있는 이방인의 손톱이
커피 향기로 피어올라
창백한 촛불에 타들어 가고 있다

도미니카의 수평선

지상의
시선 하나가 수중으로 떨어진다
내 옆구리에서 생성된
또 하나의 나를 본다
파도치는 어깨가
숱한 자국들의 흔적을 지우며
짓누르는 영혼의 불씨를 줍는다
궤도를 이탈한 잔해들
전리품처럼 뇌리 속에 감금당한 체
해변을 떠돌고 있다
에메랄드빛 수면 위에
무심코 쓴 글자가 기억해내는
내 삶의 모호한 파문
존재하는 것들은
픈타카나 카리브 해의 백사장에
풀어 놓는다
흰 물보라 솟구치는
푸른 날의 미소가 달려들 때마다
낯선 풍경은 저 혼자 떠간다

파시 풍경

바다를 마주한 테라스에서
머리카락 날리는 사내가
선착장을 내려다본다
어깨 넓은
서너 명의 그림자들
수평선을 향해 늘어선다

한 해의 끝날
바람에 시달리는 인간들이
아스라이 떨고 있다
말미잘이 토해내는 갯내
물이랑을 내리치는 무게가
바다의 푸른 빛깔을 저울질한다

볼락 불거진 허벅지가
어시장 등판을 밟고 지나가는 사이
탈진한 중년이 보폭 옮겨놓는다
주먹 쥔 수부들
허공을 쥐어박으며 깊은 숨 들이쉰다

살진 가자미들의 눈
모로 누워
수족관 밖에서 벌버둥 친다

춤추는 해안선

쏘다니는 빛살이
바다로 뛰어든다
휘황한 눈동자
몸부림치는 허무 쏘아보며
불가사리는 소리친다
어둠마저 움켜잡으며
억누를 수 없는 자정이
발끝까지 달아오른다
거나한 요정들의
부메랑을 난타하는 불빛
엇박자로 타오른다
엠블란스 요란하게 목청 높이는 동안
블랙홀에서 건져낸
투박한 곡선
이슥하도록 흐린 밤을 흔든다
신들린 그림자들은
하염없이
바닷속 혼령들을 부르고 있다

역

부질없이 방황하다가
돌아온 자리
미로를 찾는 개찰구는
새벽바람에 시나브로 흔들렸다
타락한 시간들이
벗겨지지 않는 욕망을 휘젓는 동안
부스럼으로 앉아 있는 벤치가
고스란히 밤이슬에 젖었다
느닷없이 끼어든
떠돌이 하나
던지고 스러지는 속임수 빗장을 걸었다
야윈 어깨에서 돋아나는
근심의 씨앗
야차의 미모에 대한
바람놀이를 꿈꾸었다
허망한 둥지를 안고
머물 수 없는 환승역으로
떠나는 새떼들
역무원에게 기차표를 건네며
이마가 환하게 밝아왔다

거울 속에서

거울을 응시하는 여자가
뒤적거리는 앨범 속
한창 물오른 봄 하나 따 담은
하늘이 가늘게 떤다
여자는 바람 즐비한
재건축 현장으로 달려간다

클릭한 사진 한 장에
4B 연필이 스케치를 한다
안경을 걸친
파란 가운이 수정하는 윤곽으로
빗금이 잘려나간다

미간이 처진 눈가의
불청객은
오롯이 서 있다
콧대의 등성이 사이로
고단한 이상 기류가 지나가고
루비콘 강은 서쪽으로 흐르고 있다

촛불

찻잔에 담긴 달빛
어스름한 저녁을 흔든다

요동치는 마을
다관에 붓고
구절초 하나 집어넣는다
몸부림치는 상사초
어설픈 속내 감추고
고단한 관절은 촛농으로 흐른다

댓바람에
추임새를 넣는 동안
불꽃 튀길
그윽한 열정 벗어던질 때
내일은 오지 않는다

가을 편지

편서풍의
남루한 골목의 그림자는
춤추는 허수아비 속으로 쓰러졌어

입질하는 찬바람이
달빛 입술을 흔들 때마다
흐릿한 허공은
끝없는 미로로 달아났어

앳된 아이들이
분홍색 자전거를 타고
센텀 광장에서 텀블링을 했어

브레이크를 밟는 단발머리의 욕지거리가
여린 가슴을 유린하는 사이
코스모스 문신을 한
배롱나무의 관자놀이가 흔들렸어

원시의 초록 공새가
머물다 간 빈 자리

노을이 낭자한 선혈은
아르피나 빌딩의 옷자락을 벗기고 있었어

하얀 민들레 1

처음부터
그대라고 부르거나
그대라고 쓰지 않았습니다
그냥
가슴 울리는
뇌리 속 거울과
마음 속삭이는 파장을
가만히 읊조려 보았습니다

귀 있는 사람들
가만히
그대 서러움 듣고
그대라고 불러주었습니다

하얀 민들레 2

어둠 속에서
비탈길 따라 오르면
그리운 자태
빗장 열며 달려든다

두 팔 벌린 어깨
한껏 소리 지르며
잊은 얼굴들
새하얀 눈빛 들고 일어선다

하찮은 새벽
삽질하는 시간마다
저울질할 여자를 부르면
자유분방한 자유를 털어낸다

네모난 틀 안에 갇힌
불반스런 사유를
다소곳한 이마로 받아 적는다

수락산에서

환한 이마에 얼비친 노을
거침없이 사위어간다

불타는 정수리에 올려놓은 응어리
화염 속으로 흘러내린다

아득한 기억을 태우지 못하는
서러운 용마루 한 짐 얹어놓는다

지난 시간을 교차하는
빈 둥지를 찾아 신호등을 단다

아련히 사라지는 그대 오로라 궁전
끝없는 피안으로 승천한다

마린시티 6

이차선 해변 도로
빨간 컨버터블 한 대가
굉음을 울리며 질주한다
비릿한 사슬에 꿰여
사경 헤매는 바닷새가
후미진 곳으로 활강한다
부푼 욕망이 난무하는
어긋난 소문들이
짙푸른 물보라로 부서진다

벼랑 끝으로 솟구치는
수평의 무게를 덜어내던
아픈 풍속도가
비로소 고층 빌딩의 그림자로 저문다

존재의 돌

이반 미술관 앞
미처 다 벗지 못한
산초나무 이야기가
잿빛 철문을 당긴다
시뻘겋게 달아오르는
돌 하나 달려와
현기증으로 가슴을 뒤흔든다

황홀하게 치장을 한 신비의 몸매
불안한 공간을 틔워주며
이글거리는 황혼으로 타오른다
대지의 심장에서
거대한 불꽃을 피워 올리며
주체할 수 없는 활화산으로
떨고 있는 지상을 관통한다

생의 고삐를 한껏 조이며
결코 재가 될 수 없는 그대
스산한 바람이
내 빈 목덜미를 감싸주는 동안

휘감기는 햇살을 받아
새로 눈뜨는 돌의 형상에
그대 진정한 사유를 그리워한다

제3부

쿠바의 어느 오후 1

햇볕을 뜨개질하는
여자들이 서로 등지고 앉아
서럽게 깁는
빨간 양말의 뒤꿈치를 잘라낸다

주름 패이도록
웃음을 참는 오후 3시가 지나칠 무렵
노을빛으로 물든 남자가
쉰 소리로 기타를 뜯고 있다

여자들의 수다에 말라버린
발코니의 빨래들
볕 거둘 채비를 한다

넝마를 울러 맨 하바나의
그늘진 숲으로
무채색의 그림자들이 달려간다

오보에 칸타타

악보 가득한 북서풍이
난데없이
보행자 아랫도리 휘감고 있다

머뭇거리는 신호등
파란빛 물고기들이 헤엄쳐 나온다
물장난을 치는 피라미새끼들이
얕은 금색 실금을 걷고 있다

머리 바깥으로 튀어나온 눈알들은
쉼표를 연주하며
허우적거리는 사이
빗금을 짓밟는 악셀라
휩쓸려 미끄러진다

춤추는 멜로디 한 자락
줄행랑치는 건널목에서
슬픈 앰블런스 여운은
낮은음자리표를 거스르며 내려간다

타란튤라 거미

거드름 피우는 그물 속에서
곡예사는
우주를 순찰한다
교묘히 걸쳐놓은 안테나 망
모리타니와 교신한다

침묵으로 주고받은 고생대
캄브리아기의 삼엽충 이야기를
가느다란 줄 하나에 허공을 풀어놓는다

왜소한 삼등신의 긴 다리로
재주를 부리며
세상 어디든
둥우리 트는
성찬의 땅
세르비아 영토에서 헤엄치고 있다

마라도 저편

잠 못 들어
수심 찬 바다가 흔들린다
커다란 자물통에 묶인 입술
시모노세키 선착장에 내던진다

졸음에 겨운 가방들이
발을 세우며
들이닥치는 언어가 수면으로 떠돈다
귓전을 때리는 뱃고동소리
기지개를 켠다

핏기 없는 어둠 밀어내는 사이
요동치는 풍랑에
여자는 밍크코트의 깃
깊숙이 끌어 올린다
밤새 겁먹은 눈빛
망상의 노 휘저으며 잠에 든다
잔잔히 새 나오는 "잘 가거라 도쿄"
각 세운 등골에
시나브로 풀어지고 있다

휘몰아치는 파도의 공포에 젖어
오가는 뱃길
방랑자의 지표기 부질없이
어둠 속의 물살에 잠긴다

하바나의 사진 한 장

이층에는 창이 없다
타일이 떨어져 나간
만신창이의 외벽에도
처마가 없다
핏빛 널빤지에 가려진
창틀에서 흔들리는
녹슨 누수
다세대 사람들의 설움이다
허공에서 떨어지는
볼품없는 물푸레 나뭇가지가
얼어붙은 난간에 기대어
고드름으로 매달려 있다
허름한 문짝 사이로
벗어던진 한기
신발을 짓밟고 뛰쳐나간다

시름을 잊은
입 다문 창틀에
햇살 한줄기 피어오른다

모지코 일박 1

햇살 머금은 보랏빛 저고리
앞섶을 여미고 앉는다
은빛 기모노에 수 놓인 허리띠가
다다미를 밟고 들어와 인사말을 한다
장시문이 열리고 닫힐 때마다
조아리며 꿇는 무릎
도꼬노마 앞으로 나아가 배견 한다
생의 단 한 번
유서 깊은 족자와 다화를 감상한다

조선의 손때 묻은 다구들이
다소곳한 치맛자락 사이로
끓어오르는 적개심 가라앉힌다
객이 주인이 되고
주인이 객이 되는
비정한 차솥의
무게보다 숙연히 달아오른다
찻물에 풀어 돌리는
정성이 분노에 섞여
활활 타오른다

시모노세키 해협

트롤선 몇 척
휘황찬란한 눈짓을 한다
가로등마저
외눈박이로 끔벅거리는
은근한 밤이다
인기척 없는 이슥한 물속은
오리걸음 흉내 내는
야차의 드레스가 캉캉 춤을 춘다
무희들은 재빠른 동작으로
잠수한 빌딩들의
몸통을 짓밟고 일어서서
휘젓는 빛 들이킨다

요란한 디스코 메들리가
지칠 줄 모르는
광란의 가설무도장 흥청거릴 때마다
트롤선을 쫓는
엠블란스의 굉음은
쏜살같이 허공을 달린다

슬로베니아의 한가운데서

창문 밖으로
달아나는 선글라스의 시선 하나
느긋이 류블랴나 성 거닐고 있다
얇은 햇살은
고즈넉한 티볼리 공원
단내 나는 카페의
초록 숲 정수리에 머문다

둥근 성곽 아래
원색으로 덧칠한 도시
트리플 브리지
발등에 묶인
사랑의 자물쇠는 녹슬어만 간다

낯설지 않는
빨간 지붕의 시가지가 흔들릴 때마다
광장의 인파는 넘나들고
동상이몽의 프레쉐른 시인의
거대한 심장을 건져 올린다

망상 지나며

석양이
가출한 바다의 저녁은 잿빛이다
쏟아지는 별들의
어스름한 드레스가
칠흑 수면 위로 치렁거린다
무채색으로 치장한
밤바다의 수줍은 동공 스며들 때
빛의 파편들 하나가 된다
애틋한 몸짓으로 수중을 넘나드는
그대들의 발걸음
블루스 스텝으로 이어지며
소용돌이치는 빛 휘젓고 있다
그윽이 흔들고 있는
파도소리 울창해지면
빨간 스틸레토 힐들
모순의 그림자를 지운다
뒤돌아볼 여지없이 물 위를 걷는
무희들
지상으로의 탈출 꿈꾸고 있다

김제 가는 길

김제행
호남선을 타고
트인 들판을 가로질러 달린다
그루터기만 남은 겨울이
동면에 잠긴
복숨들의 끝자락에 묻어 있다
바람 속에서
끈질긴 봄을 경작하는 구름이
신음하는 삭신의
통증에 매달려 흐느적거린다
허공에 그려진
먼 빛을 응시하며
돌아오지 않는 철새들을 기다린다
살아 있다는 것은 항시
차창에 기대어
푸른 하늘을 우러르는 일이다
구차한 쳇바퀴에 실려
흘러가는 굴레 쓴 욕망이
벌판 저편에서
또 하나의 길이 되어
막힌 하늘을 흔들어 깨운다

미포 가는 길

포구를 꺾어 돌아선다

반대 방향 르세니 호텔 등진
해안선 바위 등에 걸터앉는다
느긋한 걸음으로
눈부신 빛 가슴팍으로 쏘아대는
찰라
바다는 봇물로 끓어오른다

벅찬 속내가 솟구치며
물결의 사슬을 찢어 던진다
울러 맨 안개 벗겨지고
깊숙이 뿌리내린 앙금들
소용돌이치는 어둠 속을 벗어나와
핸들을 돌린다

빌딩 숲 사이로
정강이를 들고
뛰어나온 여자들이
불빛 유도하는 십자가를 따라

유유히 사라진다

미포바다는 철새들의 무도회장
반짝이는 파도의 빛살에
새들 어깨가 부서져 내린다

더베이 가는 길

요트장을 지나
시칠리 섬 방향으로 우회전하며
쓸쓸한 그늘
왁자지껄한 아이들
담장을 넘는다

소복하게 모여든 햇살 구르며
교정 모래밭이
소리 가로질러 가는 철봉대
일렁인다
질러대는 웃음들이
빨갛게 익어가고
굴참나무 가지마다
가을이 여물어간다

희맑게 피어오르는
꿈 여물어
우는 파도 따라
허공이 내려와 누워있다
철없이 흘려보낸

어지러운 시간들 울타리가 되어
돌연변이의 겨울
소풍 간다

제주시편 7

덕장을 뜯어내며
도크에 묶인 부상당한 유자망어선들이
도수 높은
볼록렌즈 너머
파도치는 어장을 바라본다

은빛 펄럭이며
한림항의 물때를 밀어내는
아픈 가슴들
헛바퀴를 돌리는 물이랑이 굽이친다

짙푸르게 소용돌이치는 바다는
물살에 부대끼며
낡은 배낭 속
고단한 한 세상 꺼내 읊는다

더벅머리 내려치는 망치에
장단 맞추는 불꽃 춤사위
초록빛 숲길은
별도봉 오솔길을 지나

고망난돌 쉼터에서
능선을 버리고 나선
시린 아침이 가로막고 나선다

낱말 추적

바다 쪽 창을 바라본다
유리를 통과한 소리가
주저앉아 수런거리며
커다랗게 굴러가고 있는
동공
빛나며 입술을 가린다

베이지색 테이블에 놓인
A4 용지 지면이 너와지붕이다
응급 처치 중인
상처를 짜깁기하는
유리 테이프가 온몸을 깁고 있다

흔적 하나 남기지 않은
문서들 투시하는 유리 눈알에
스며드는 문자들과
퍼즐 게임을 한다

파랗게 질린 물결소리가
쉰 음성으로 흐느끼며

뱉어낸 암호
숨은 속내 횡단하고 있다

찾아낸 부호들의 닿소리와
홑소리의 살 발라내며
시간의 기억 저물고 있다

매물도에 가서

뇌리 속에 꿈틀거리는
그리운 허상들
과녁을 벗어난 화살은
동쪽으로 날아간다
버거운 짐
내려놓는 몸짓에서
돋아난 낱말들 투덜거린다
아닌 것이 아니라
기어 다니는 것들은
기어가는 대로
욕망 가득한 눈알 굴리고 있다
바램은
언제나 붙잡혀 있지 않고
망상 가득
꿈을 꾸는 대로 승부한다
손에 닿지 않는
기다리는 선하나 붙들어
고독한
정오가 섬으로 떠 있다

흑산

워드를 두드리는
모니터에 박제된 손가락
멍하게 떨고 있었어
외로운 시선 흔들어 뺏는
시린 눈웃음에
을씨년스런 가슴
머뭇거리고 있었어
검은 상처를 품고
일그러진 그림자를 쫓는
목탁소리
파열음을 밀어내었어
높은 어깨는
먼 절두산 성지를 응시하며
식은 찻잔을 들고 있었어
버릇처럼 불러보는
그대 이름
사닥다리를 타고 오르며
돌아가는 구름은
칭송맞은 빗줄기를
하염없이 토막 내고 있었어

제4부

사발 빚기

눈부시게 가슴 빛나는
입 맞출 자리 하나
화염 속으로 집어넣는다

세파에 지친
어둠을 빗으며
내동댕이치는 질긴 인연들
질타하는 눈동자로 타들어 간다

드러나지 않는
허물을 어르고 달래
가다듬은 또 하나의 시련
투명한 날개옷으로 갈아입는다

밤 세워
새벽을 여는 시간
바람은 불꽃으로 피어
절정으로 솟구치면
허공에 펼쳐진 내 울안은
지칠 줄 모르는
휠화산으로 타오르고 있다

승천

처음
넉넉한 물살이 내게로 온 것을
미처 알지 못했어

신기루처럼 그대는 내 안에서
또 하나의 빛으로
꿈꾸게 했어
터질 것처럼 부푼
미로를 헤매며
신비함으로 가득한
하얀 길이 뻗어 나갔어
미묘한 세포들이 더듬어 가는
서툰 동작이 그늘로 다가왔어

시간을 벗겨내는
우렁찬 소리
푸른 하늘을 끌어내렸어

토우

누군가 시라고 불렀을지라도
너는
눈물이었어

설레는 가슴으로 보듬지 못한
너는
빛진 슬픔으로 각인 되었어

두근거리는 심장 속에서
여린 네 살빛
움칫거릴 때마다
순한 너의 눈빛은
아련히 떨고 있었어

꼭 다문 입술
배냇짓 할 즈음
노란 꽃술 토해내는 신음은
아스라이 시가 되었어

설악 통신

뒤틀린 새벽이
어렴풋이 비켜 가고 있다
희미한 동공 지친
어깨가
팔베개를 끌어안는
시간
서툰 문장은
뇌리를 넘나들며
혀 짧은소리로 대사를 읊는다
흐릿한 기억
육신을 주무르며
푸른 핏대를 어루만진다
나는 흰 구름
등대고 있는
창가로 돌아누워
구차한 변명 늘어놓는다
엮은 장문의 편지가
활기찬 설악의 아침으로 걸어오고 있다

연화리에서 1

나는 물오른 카페에 앉아
길게 뻗은 산등성이 끌어내려
해수면을 적신다
흔들리는 잿빛 바다
깊은 침묵이
가파른 언덕으로 건너뛴다
충혈된 헤드라이트 한줄기
건물 유리벽으로 덤벼든다
급브레이크의 비명 지르는
소음 속
마멀레이드 기타연주가
숨 멎는 사이
갓 볶은 원두커피
파노라마 타고 오른다
한적한 어촌의 물결소리
흐느끼는 가수의 연주에 실려
끝없는 수평선을 몰아온다
멈춘 듯 다시 울리는 G선상에
바다는 한층 더 서럽게 물결친다

갈라지는 그대

혼탁한 색깔들로 치장한 지친 모습은
형용할 수 없이 검푸른
품속이
아늑하게 느껴져 왔어
간간이 가던 길을 뒤돌아보며
쪽빛의 무게로 흔들어 주는
투명한 눈길이
낙타의 동공으로 애잔했어
멀어져 가는 그대
물끄러미 제자리걸음하며
별안간
하얀 이빨 드러내는
내 가슴팍으로 달려들었어
미처
감당하지 못한 단단한 마음이
산산이 흩어지고 말았어
그대는
시나브로 부서져 갔어

야간 비행

함성을 지르며 달려 나오는
구름 떼가 나를 단련한다
러닝머신은 바다를 가로지르며
머릿속을 질주한다
고뇌하는 바퀴가 허공을 헤엄치며
수중 물결을 가른다
출렁거리는 벅찬 심장은
파도의 브레이크를 밟는다
커뮤니티 헬스기구들의 거친 호흡
마린을 들볶는다
내가 좌우로 양팔을 쳐드는 사이
번뜩이는 별자리가 암스테르담의 멍에를 불러낸다
주름을 지우는 기계음은
안면 운동을 하며 활짝 갠 얼굴을 편다
신음하는 관절이
스텝머신을 휘저으며
바다 쪽으로
새가 되어 날아간다

허리케인

비닐봉지 하나가
게걸음 치며 도처로 흩어진다
에워싼 급브레이크 설레는 음성
먼데 사람들 가슴까지 무너진다
빌딩의 회전문이 무작위로 돌아가고
도시의 뒤편으로
키 큰 포플러나무가 쓰러진다
허공을 배회하는
백미러의 고단한 눈짓은
신호등 쪽으로 기울어진다
빠른 음표로 달려가는
눈먼 사람들
호곡하는 창들의 전신을 후려친다
8차선 도로의 등판을
덮치는 순간
잿빛 철탑이 공중에서 허우적거린다

회생하는 살들

벗은 나무가 카페를 들여다본다
해풍이 앗아간 살갗
따스한 햇살에 눈 감으면
목마름으로 쓰러지는 나뭇잎
뿜어내는 맥박소리 용솟음친다

그대 탄성 지르던
한 방울의 수분마저
파란 미소로 들어 올린다
발꿈치에 들창을 달고
잘라버린 어깻죽지
누군가 빛살을 뿌려댄다
유리벽을 통과한 동공
뒤틀린 나뭇가지에서
거친 소리가 교차된다

그림자 돌아서는 뜨락에서
흩어지는 생명 하나가
하염없이 움드고 있다

만리포에서

젖은 바람이
소슬한 벌판에서 흐느끼고 있다
내가 해변으로 달려나가
너를 불렀을 때
한걸음에 무릎 꿇는
파도의 입술은 오보에다
물살을 걷어 올리는 여인들의 환호가
곡선으로 뒹군다
백사장에 질러놓은
낭새섬 바람의 그윽한 옥타브
거침없이 치솟아 오르며
개펄을 품에 안는다
상수리나무 어깻죽지에서
달아나는 천릿길
휘청거리며 에덴으로 간다
숱한 말들이
해변에서 숲으로 건너뛰며
허공에 쏴 올린 소리를 듣는다

꽂지 바다

물결 한 자락 베고 눕는
그림자가 소스라친다

바람을 재우는
푸념의 그루터기로 자라고
지친 눈길 머무는 그윽한
어머니의 품
애틋한 그리움 안겨 있다

햇살을 다스리는
구슬픈 피안
파도는 물이랑 속에서 일어선다

사랑의 샘터에
구름이 나르고
흰 새들 기웃대며
섬을 저어간다

천땅 학당

연둣빛 새순
고운 눈망울끼리
찻상 마주하고 인사를 한다
조막 병에 꽂아 놓은
철없는 꽃 한 송이
큰 입으로 웃는다
추사를 닮고 싶은
늠름한 지명이가
책상다리로 다관을 든다
찻잔 나르는 나라가
조신한 걸음으로
손님 앞에 앉는다
영특한 은혜의 눈망울에
천천히 따라 붓는
찻물 소리
갈바람 불고 있다

거울 속의 바다

바람이
고즈넉이 서성거리며 물빛을 흔든다
구름 한 점 머물지 않는
환한 빛 한 줌
헐거운 가슴팍에 잠재우는 사이
시공을 달리는 물살은 푸르렀다
잠잠히
설렘으로 끼어든 섬 하나
멍든 생으로 일렁이는 동안
그대
아무런 대꾸도 하지 않았다
다만
그을린 살갗에 긋는 주름살
뒤돌아서지 않는
너의 간절한 몸짓임을
비로소 알았다

빛의 탄생

창 너머 곤두박질치는
햇살
어둠 물어내고 있다
부픈 태양이 실어 나르는
새벽 물구나무서고
감광판 난사하는 대낮
미포 바다는 걸그룹 공연을 시작한다
물을 뒤집어 쓴
스크린에
이따금 내비치는
그림자는 빛의 환호에 열광한다
침묵을 깨트린 카드섹션
눈부신 꽃이 되어
한나절 피었다가 시들어간다
새하얀 허벅지에 별이 떠오르고
화사한 노을은 선연히
탄성의 막을 내린다

능산리 고분

들판에 서면
지친 역사가 운다
마음 시린 벌판에
질러대는 퇴색한 얼굴들이
바람을 흔든다
땅을 불 지르는 기세로 타오르는
격한 가슴팍이
수풀 위로 솟구친다
잠시 머물다 가는
부질없는 삶을
봉분에 삭히는 동안
때때옷 입은 아이들 들러리 선다
화들짝 피어나는
꼭두서니 꽃받침만
낙화암 그늘 쪽으로 기울고
백마강은 수심 200미터 깊이로 잠적한다

구마모토 후서

산비탈 기어오르는
바람 한 줌
초적에 걸어둔다
못내 아쉬운
젊은 날의 포부 굽이치는
포물선 이랑에 내려놓는다
아득히 뜬구름 흩어지는
벼랑에 기대어
비켜 간 시간들
낡은 태엽에 감는다
설익은 정오의 마음이
저 혼자 나부낀다
서툰 생각 하나에
잘못 끼운 낱말들
부산한 현해탄을 건너뛴다

스캔들

그
가장자리에 머문
아득한 시선이 벼랑으로 흔들린다
마침표를 그려 넣지 않는
빈칸의 수줍음
주저 없이
흔들리는 대로
오른쪽으로 허물어지고
왼쪽으로 달아난다
낭떠러지는 허공이 되어
다이빙한다
고막을 찢는
여자의 타이트스커트가 피를 쏟는다
괄호 속에서
질긴 발자국들의 숫자가 몸부림치고
드디어 열린다

□ 해설

언어 미학과 모더니티

하현식 / 시인·문학평론가

□ 해설

언어 미학과 모더니티

하현식 / 시인·문학평론가

1

T·S·엘리엇의 '비감정화'는 주지주의 시론의 기저가 되고 있다. 그 바탕은 모더니티이며 실험성이다. 시에 있어서의 이러한 경향은 이른바 반 전통이라는 명분으로 영미로부터 비롯되어 현대문학의 근간을 이루게 된다.

우리시사의 모더니티는 1930년대의 이상, 정지용 등에 의하여 확산되고 특히 「삼사문학」의 경향에서 그 흔적을 찾게 된다. 물론 이는 영미주지시의 T·E·흄이나 E·파운드나 엘리엇 등에 의하여 발전된 것이다. 우리 문학사의 경우에는 최재서에 의한 주지시 이론의 도입으로부터 김기림의 실험과 김광균의 정착에 이르기까지 많은 질곡이 뒤따른다. 1950년 시의 중심을 관통하는 엔솔로지 운동은 거의 주지시의 실험에 의존하고 있는 것을 볼 수 있다.

그러나 1949년~1950년대의 주지시는 거의 실패로 평가되는 측면이 흥미롭다. 이렇게 길게 주지시의 경향을 소개하는 것은 최귀례의 시세계가 이러한 주지적 흐름을 타고 있으며 보다 더 이미지 시론에 집념을 가지면서 반 전통의 실험적 자세를 취하는 측면을 강조하는 의의를 갖게 된다. 이 시점에서 주지시 지론은 1970년대 이후부터 우리시의 보편적인 대세가 되고 있다. 시적 구조에서 모더니티가 결여된다는 것은 현대시가 요구하는 어떤 덕목을 상실하는 결과에 다름 아니며 시에 있어서 감정보다는 감성 또는 지성의 카테고리는 필수불가결한 요건이 된다. 최귀례 시의 경향도 이러한 대세를 잘 소화하면서 실험정신 내지 이미지 조형에 한층 더 열중하는 자세를 통하여 현대시가 필요로 하는 단서를 잘 구축하고 있다는 데서 최귀례 시학의 의의를 논의하게 된다.

이 시인은 일차적으로 시와 언어의 관계를 모더니티의 관점에서 추구하고 있으며 나아가서 이미지의 발양에 더욱 경주하는 흔적을 드러낸다. 그리고 보다 실험적인 포스터 모더니즘적 구조에 집념하는 노력을 보임으로서 시에 있어서의 현대성을 성취하게 된다.

2

눈 감으면 그대
선명한 웃음소리 메아리친다
시간을 벗겨가는 풍경 너머
붉은 여백은
싱그러운 풍선처럼
날아오른다
부신 별빛 사이로
걸어가는 발자국마다
환하게 초록빛 문이 열리고
트인 그대 이마 아른거린다
그대 입김에 불어나는
눈보라
뜬구름은 출렁거리고
하얀 눈발에 파묻힌
푸른 잎들이 지칠 줄 모르는
환상이 되어 얼어붙는다
그대
피노키오처럼 서서
따스한 잠 깨우고 있다

–「피라칸사스」 전문

「피라칸사스」는 불의 가시란 뜻으로서 오뉴월에 하얀 꽃으로 피어나 초록 열매로 영글어 붉은 보석으로 매달리는 과정을 거쳐 자신을 완성시키는 쌍잎 상록낙엽수다. 흰색과 초록과 열정의 붉은 이미지로 변신해가며 미의 극치를 연출하는 꽃이랄까 열매랄까 또는 사랑의 화신으로 환생하는 대상의 진실을 "그대"로 의인화하고 있다. 먼저 "그대"에

게서 받아들이는 이미지는 "선명한 웃음소리"다. 피라칸사스 새하얀 꽃이 환하게 피었을 그대의 시각적 감동이 "소리"로 청각화 하여 표현됨으로써 자연의 우아한 자태와 더불어 "그대"로서의 그리운 이가 지니는 환한 이미지를 적확하게 부각시킨다. 소재에서부터 대상의 이미지까지 모더니티를 바탕으로 형상화하는 것을 볼 수 있다. "시간을 벗겨가는"의 시간의 전개과정을 통해 초록으로 또는 붉은 빛으로 정착하는 이미지의 실체적 전이를 자연스럽게 토로하는 예가 된다. 알알이 맺힌 "붉은 풍선"이 하늘로 "날아오르는" 이미지의 신비성을 보게 된다.

"눈보라" "뜬구름"의 은유적 장치와 "따스한 잠"으로 귀결되는 대상의 추구에 이르기까지 모더니티의 절정을 인식하게 된다.

가을 한낮
피어오르는 한잔의 햇살
유리잔에 넘실거린다
하얀 안개를 마시는 여자가
목젖을 당기며
호젓이 절벽을 따라나선다
해맑은 허공을 재단한 초록 숲
가로질러 빗금 내리긋는다
뛰어오르는 졸음 끄집어낸
뇌리 속의 방랑자
젊은 우롱이

산수 가득한 계곡에서 새어 나온다
산 이슬 베어 눈 뜨는 찻잎
옆구리마다
서늘한 목숨 서리고
우롱이 깨어난 자국에 얼이 열린다
무이산의 그늘에 가슴 풀어주는
풀림의 물방울
푸른 찻잔에 떨어진다

– 「무이차」 전문

제재로 선택된 <무이차>는 중국 무이산에서 채취된 차를 기리킨다. 주자가 은거하며 무이구곡을 지어 무이산의 사상적 향촌이 배어 있는 산의 차인 것이다. 시인은 매우 전통적인 제재를 취택하면서도 이미 자신의 기량을 통해 모더니티를 살려내고 있다.

이를테면 전통적인 제재이면서도 현대인의 삶속에서 끊임없는 품위를 유지하고 현대인의 기호식품임에 결코 모더니티가 결여될 이유가 없는 것이다.

모든 동양 차의 대표라 할 수 있는 「무이차」를 두고 시인은 "한잔의 햇살"을 읊조림으로서 「무이차」가 지니는 품격을 유감없이 드러내고 있다. 이러한 은유가 가능한 것은 곧 이미지 창출로 기능하다 할 것이다.

즉 이미지의 조형술에 의거한 「무이차」의 형상화에 다름 아닌 것이다. 그리고 모더니티의 배려를 위

한 “유리잔”이 지니는 주지적 정서와 “하얀 안개를 마시는 여자”에서 “하얀 안개”가 베푸는 이미지의 선택이 절대 절묘하게 수용된다. 일종의 대상에 대한 대유법적 접근으로서 현대화된 차의 구조적 측면을 구상화하고 있는 것이다. 그리고 “해맑은 허공”과 “초록 숲”이 어울려 규명되는 「무이차」의 인식이 결코 유교적 차원이 아니라 이를 뛰어넘어 시공이 구분되지 않는 영원한 품격을 노래하고 있다고 할 수 있다.

나아가서 “우롱이”와 “산수 가득한 계곡”이 그려내는 차의 근원적 역사성과 더불어 신비성을 함께 읊조림으로써 대상이 지닌 구원함을 드러내는 것이다.

특히 “이슬 베어 눈 뜨는 찻잎”에 보면 “이슬”과 “찻잎”이 제휴를 고고한 존재성을 표출한다. 고고한 존재성은 “이슬”이 가지는 그지없이 맑고 깨끗한 이미지의 연대로서 제재의 결백성과 순수성을 고취하는 것이다.

“서늘한 목숨”과 “우롱이 깨어난 자국”의 연합으로 <무이차>의 근원으로서의 “우롱”과 차가 지니는 보다 이지적 역할을 통해 「무이차」의 냉혹한 모더니티를 형상화한다. 그리고 “풀림의 물방울”이 “푸른 찻잔에 떨어짐”으로서 전통이 아닌 현대성으로서의 차의 이미지를 지키고 있는 것이다.

3

내가 크라이슬러의 사랑의 기쁨을
첼로 풍으로 연주하는 동안
벽시계가
두 개의 바이올린으로 응원을 한다

카펫이 깔린 테이블 저쪽
피아노를 치는
어둠의 가장자리에 앉아
체스 하는 남자가
왼손을 괸 체 비숍을 쏘아본다

거실을 채우는 리듬이
남자의 떨리는 손가락을
잔잔히 녹이고 있다

멜로디가 멈추자
그윽한 눈길로 끌어안는
불빛의 어깨 뒤로
무거운 정적이 체스판을 누른다

—「체스게임」 전문

「체스게임」은 삶의 한 단면을 현시한다. 실제 체스판은 인간의 삶의 장이며 흑백의 대립을 통하여 킹과 퀸을 중심으로 갈등의 양상을 취하고 있다. 결국 "게임"은 갈등이며 삶의 축소판으로 짜여 있다. 거기에는 사실 피투성이로 범벅되는 처절한 투쟁이 예고되었으나 이 시인은 그러한 삶의 처참성을 부각하기보다는 감미로운 음악적 분위기를 배경으로

삼음으로써 삶의 보다 안락하고 평화로운 세계를 만들어내고 있다.

①연에서는 "첼로 풍"의 연주에 부응하여 시계의 "바이올린 응원"을 대비시킴으로 "사랑의 기쁨"을 배가시키는 분위기 조성을 꾀하고 결국 시가 되는 것은 "벽시계"의 작용을 "두 개의 바이올린" 연주로 시침과 분침을 은유함으로써 평면적 표현을 초월하는 데서 시가 형성되고 있는 것이다. ②연은 "체스게임"을 즐기는 동작의 반경을 제시함으로써 시가 요구하는 보여주기의 한 컷을 소개한다. 갈등에 직면한 존재의미의 승화를 보게 된다. ③연 "남자의 손가락을 녹이는 리듬"을 그려내어 "체스 게임"과 "연주"의 결합을 미적 인식을 부각시킨다. ④연에서는 "멜로디"와 "불빛"과 "체스판"이 교류하는 "정적"을 통해 시는 설명 또 감정화가 아니라 감각임을 현시한다.

「체스게임」은 한 장의 그림과 한 편의 클래식을 제휴하여 한편의 시가 되고 있다.물론 한 장의 그림은 "체스 게임"하는 "남자"의 모습으로서 시적 화자가 연주하는 "첼로 풍" 음악에 일체화되고 있다. 일체의 절망과 분석이 없이 그림과 멜로디는 결합된다. 거기에 시적 화자와 "남자"의 초상이 혼합되어 고요하면서도 쓸쓸하고 아늑하면서도 신비한 분위기가 채색되고 있다. 시인은 감각과 이미지만으로 현대시의 모더니티가 어떤 것임을 잘 보여 준다.

나는 전성기를 지난 눈자위에
빗금 하나 그려 넣는다
매직으로 갓 그은
일방통행로 막다른 눈꼬리에서
좌우를 살핀다
그 희미한 동공의 언저리를
보수하던 중
떨어뜨린 눈썹 하나가 진저리치고 있다
커다란 빗자루 집어 들고
굴러다니는 가식들을 쓸어버린다
나는 몸부림치는 입술 가장자리의
낡은 물살을 배회한다
연둣빛 살점들
스펀지에서 덜어낼 때마다
주름진 미로
백미러 속에서 풀어지고 있다

—「해우소에서」 전문

「해우소에서」는 전통적 관념으로 불리어지는 이름이지만 WC나 화장실이란 명칭에 비하여 훨씬 제 나름의 분위기를 자아낸다. 단순히 육신적 해결처가 아니라 정신적 스트레스까지도 해결해내는 복합적 의미망으로 이루어져 있다. 특히 시인은 그러한 전통적 이념이 배인 표제를 향하여 전통적 의식으로 접근하는 것이 아니라 보다 개방적이며 실험적인 의식으로 제재를 다룸으로써 이실적 효과를 거두고 있음을 볼 수 있다.

역사의식이나 역사성이 아니라 심각한 현대의식이나 현대성으로 제재를 생각함으로써 전혀 새로운 창조적 의의를 드러낸다.

이른바 측상철학은 때로 통속적인 사유로 흐를 소지가 많은데도 불구하고 시인은 시간의 배반에 대한 역설적 언표로서 허망감의 반대급부를 시도하고 있다.

시적 화자가 "전성기를 지난 눈자위"에서 주름 하나를 지워냄으로써 그나마 삶의 위안을 도모하는 게 정착이지만 "빗금 하나를 그려" 넣음으로써 시간에 대한 저항을 시도하고 있는 것이다. 또한 "해우소"에서의 이러한 저항은 삶의 진실에 대한 몸부림이며 도전으로서의 의미에 닿게 된다. 이러한 도전은 "해우소"에서의 기능과 괴리되는 삶의 역방향을 고구하는 애환이 되기도 한다.

"빗금을 그은" 해우소에서의 획책은 시간의 선용으로 판단하지만 엉뚱하게도 해우소의 기능에 맞지 않는 행동반경으로 어쩌면 살아있음의 한 단면을 연출한 결과가 되기도 한 것이다. 엘리엇의 "비감정화"의 냉혹성을 성취하는 계기이기도 한 것이다. 자기성찰의 단계에서 "눈썹 하나의 진저리"에 직면하는 시적 화자의 좌절감을 통해 깊은 자기회귀의 길이 트여 있음을 깨닫게 된다. 결국 "빗자루"로도 어쩔 수 없는 "해우소"에서의 단장이 "입술 가장자리"에 발견되는 더 깊은 허무에 좌절감을 느끼게 된다. 시적 화자의 "주름진 미로"는 궁극적으로 "백미러"와 친화하여 구원되고 있음을 보여준다.

4

햇볕을 뜨개질하는
여자들이 서로 등지고 앉아
서럽게 깁는
빨간 양말의 뒤꿈치를 잘라낸다

주름 패이도록
웃음을 참는 오후 3시가 지나칠 무렵
노을빛으로 물든 남자가
쉰 소리로 기타를 뜯고 있다

여자들의 수다에 말라버린
발코니의 빨래들
별 거둘 채비를 한다

넝마를 울러 맨 하바나의
그늘진 숲으로
무채색의 그림자들이 달려간다

–「쿠바의 어느 오후 1」 전문

엑조티시즘을 깔고 있는 남아메리카의 정서가 "햇살을 뜨개질하는 여자"를 통해 확산시키고 있다. 작업이 던져주는 심취된 풍경이 모더니티의 근간을 흔들고 있다. 최귀례 시인의 주지적 시에 대한 갈망이 피력된 예가 될 것이다. “뜨개질하는”이 담고 있는 실시간의 풍경에서 햇살이 개입되어 시의 창조성을 높이고 있는 것이다. 그리고 “등지고 있다”든가 “서럽게 깁는”다든가 “빨간 양말의 뒤꿈치를 잘라내는” 동선에서 인간이 기피할 수 없는 숙명적 허망감을 맛보게 된다.

②연에서는 “웃음을 참는 오후 3시”와 “쉰 소리로 기타를 뜯는 남자”의 시간선과 주체의 연결로서 삶의 의의를 규명하는 구조가 하나의 좋은 균형을 이룬다. “웃음을 참는” 삶의 여유와 보람에 취하여 “노을빛에 물든” 존재성의 깊이를 깨우쳐 준다. 역시 다만 보여 줄 뿐인 삶의 편린에서 이 시인의 삶에 대한 깊은 인식과 꿈을 헤아리게 된다.

①연에서의 “여자”의 모습과 ②연에서의 “남자”의 삶의 양식에서 진정한 삶의 한계와 높이를 생각하게 하고 있다. 자유. 평등. 평화. 행복 이것은 이국적 풍경을 통해 삶의 꿈을 생각하게 된다.

③연에서는 엘리엇의 묘미가 주는 뉘앙스에 집착하게 된다. 사실 “여자들의 수다”가 “발코니의 빨래”를 마르게 할 수 없는 관계다. 그러나 시인은 트릭의 기법으로 “수다”와 “빨래”를 접목하여 시가 되게 한다. 그리고 “빨래” 대신 “별”을 거둘 채비로서 시의 진정을 장식하고 있다. ④연에서도 ”넝마를 울러 맨 숲“과 ”무채색의 그림자“로서 시에 있어

서의 언어의 기능을 강조한다.

악보 가득한 북서풍이
난데없이
보행자 아랫도리 휘감고 있다

머뭇거리는 신호등
파란빛 물고기들이 헤엄쳐 나온다
물장난을 치는 피라미새끼들이
얕은 금색 실금을 걷고 있다

머리 바깥으로 튀어나온 눈알들은
쉼표를 연주하며
허우적거리는 사이
빗금을 짓밟는 악셀라
휩쓸려 미끄러진다

춤추는 멜로디 한 자락
줄행랑치는 건널목에서
슬픈 앰블런스 여운은
낮은음자리표를 거스르며 내려간다

–「오보에 칸타타」 전문

이 시편 역시 "악보 가득한 북서풍"을 통하여 비범한 이미지가 창출된다. "북서풍"이 지닌 와일드한 정서가 시적 이미저리를 풍성하게 만들고 있다. 그리고 "보행자 아랫노리"에 연결되어 미답의 이미지에 닿게 된다. 그야말로 이국적이면서 신선감 넘치는 정서로 작용된다. "북서풍"이 창조하는 거친 정조의 세계가 아닐 수 없다. ②연에서는 색채감각을 대조시킴으로써 이미지의 정점을 드러낸다. "파란빛 물고기"와 "금색 실금을 걷는 피라미"가 대조되어 색채 미학에 입각한 감성을 창출한다. 이들은 "신호등"에 결연된 색채들로서 이미지만으로서 시의 기능을 완수하고 있다. ①연의 "북서풍"과 ②연의 "신호등"이 ③연에 의존할 때 모두 음악적 기능 즉 표제에 나타난 "오보에"의 연주 기능과 관련되어 있음을 깨닫게 된다. 즉 "북서풍"은 리듬. 멜로디에 연결되어 있고 "신호등"의 "푸르고 금빛 나는" 색감은 "오보에"의 외적 구조와 함께 청각적 효과에 닿아 있음을 볼 수 있다. ③연의 "튀어나온 눈알"과 "빗금을 짓밟는 악셀라" 등이 모두 "오보에"의 외부 구조와 더불어 연주의 순간에서 빚어지는 색감의 형상화임을 짐작케 한다. 이는 모조리 음악적 기능에 부응 된 은유적 표현임을 간과하지 못한다. 칸타타는 성악곡의 하나로 악기 반주가 동반되는 악곡 형식이다. 소나타와는 대비를 이루어 어원적으로는 노래한다 에서 유래된 것이다. ④연에서의 "슬픈 앰블런스"라든가 "낮은음자리표" 역시 연주되는 멜로디의 은유적 발조임을 알 수 있다.

5

눈부시게 가슴 빛나는
입 맞출 자리 하나

화염 속으로 집어넣는다

세파에 지친
어둠을 빚으며
내동댕이치는 질긴 인연들
질타하는 눈동자로 타들어 간다

드러나지 않는
허물을 어르고 달래
가다듬은 또 하나의 시련
투명한 날개옷으로 갈아입는다

밤새워
새벽을 여는 시간
바람은 불꽃으로 피어
절정으로 솟구치면
허공에 펼쳐진 내 울안은
지칠 줄 모르는
활화산으로 타오르고 있다

–「사발 빚기」 전문

「예향 다원」을 통해서 몸소 다도에 학습을 실행하고 다도의 실천을 보급하는 시인의 삶의 한 편린과 대학원에서 도자기 미술을 전공하여 학위논문까지 쓰게 된 그 열정이 「사발 빚기」에 와서 더욱 심도 깊은 내면을 드러내는 일은 지극히 자연스러운 귀결점을 가진다. 차와 도자기와 시가 어울려 자기 세계의 극단을 보여주는 한 예가 아닐 수 없다. 게다가 이 시가 지니는 구조적 특장에서 시인의 시적 깊이와 예술적 넓이를 한 걸음으로 형상화하고 있다 할 것이다.

①연에서는 "사발" 제작의 모티브와 그 과정을 그려낸다. 이른바 "입 맞출 자리 하나"에서 시가 요구하는 동기에 대하여 절묘한 언어구사력을 발휘함으로써 시적 뉘앙스를 활착시킨다. 그리고 "화염"을 통해서 과정상의 단서를 삼고 있다. ②연에서는 제작과정상의 외적 요인보다는 내적요인에 집념을 가짐으로써 시의 함축적 효과를 두드러지게 하고 있다. "어둠"과 "인연"과 "질타"가 제휴하여 삶의 질곡과 환란을 극복하려는 몸부림을 "사발"에 의인화된 표현을 통하여 결부시킴으로써 「사발 빚기」가 삶의 한 양상임을 비유적으로 접근하고 있다.

③연 역시 제작 과정상의 질서로서 "허물"과 "시련"과 "투명한 날개옷" 으로 인간적 삶의 경계에 비유된다. 그리고 ④연에서는 도자기의 완성을 기다리면서 이를 " 활화산" 으로 중의적 비유를 통해 마무리한다. 첫째는 외형상의 「사발 빚기」에서 드러나는 " 활화산" 이며 둘째는 내적 가치로서의 "활화산" 이다.

처음
넉넉한 물살이 내게로 온 것을
미처 알지 못했어

신기루처럼 그대는 내 안에서

또 하나의 빛으로
꿈꾸게 했어
터질 것처럼 부푼
미로를 헤매며
신비함으로 가득한
하얀 길이 뻗어 나갔어
미묘한 세포들이 더듬어 가는
서툰 동작이 그늘로 다가왔어

시간을 벗겨내는
우렁찬 소리
푸른 하늘을 끌어내렸어

-「승천」 전문

이 시편은 굉장히 다양하고 복합적인 이미지의 조형을 기대하고 있다. 추구하는 지표가 하나이기보다는 수많은 대상으로 확산되어지는 함축적 깊이를 내포하고 있다. 일차적으로 표제에 의존한다면 고도한 종교성을 띄기도 하고 세속적 판단에서는 자기 성취와 자기 확인이라는 정점까지를 내포한다. 그리고 예술적 관점으로 접근한다면 고도한 미학적 성과에까지 닿게 된다.

①연에서는 "넉넉한 묵살"이 암시하는 이미지의 심도가 깊은 신앙심의 구축을 기대하는 측면을 느끼게 된다. 궁극적으로 "승천" 하고자 시적 화자의 욕구를 채워주는 요인이 바로 신앙심이기 때문이다. 이를테면 기독교적 관념으로 집착할 때는 성령의 힘과 능력으로 풀이될 수 있다. "미처 알지 못했

다"는 토로는 인간적 우매함의 소치에 의한 부실한 자세를 현시하기도 한다. 또한 예술적 가치로서 다가간다면 인스피레이션의 작용이 되기도 할 것이다. 여기서 "넉넉한 물살"이 지니는 그 정신적 높이를 발견해내는 시인의 의식을 짐작하게 한다.

②연에서는 이러한 가치 지향성의 "넉넉한 물살"을 "그대"로 의인화하여 "빛"과 "꿈"을 승화시키고 있다. "또 하나의 빛"은 보다 더 업그레이드된 가치의 격상이며 "꿈"을 통하여 성취될 수 있는 가치로 상승시키고 있다. 그리고 "미로"와 "신비"를 통해 찾아낸 "하얀 길" 의 성취를 이끌어내고 있다. 그 가치의 추구과정은 때로 "미로"였으나 "신비"함으로써 멀리할 수 없는 질곡의 초탈을 실행하는 것이다. "하얀 길"이 심지어는 "그늘"이 되어 시적 화자의 의지를 혼란시키는 경계를 보여준다.

③연에서 "우렁찬 소리"로 구현되는 "넉넉한 물살"의 도달점을 간과하지 못한다. "물살"의 시각적 작용을 "소리"의 청각적 효과로 형상화함으로써 지상적 가치와 천상적 가치에 대한 차별화를 시도하는 것이 또한 이 시인의 탁월한 시어 구사력을 남김없이 드러내는 한 경지이기도 한 것이다. 그리고 그 "소리"는 "푸른 하늘을 끌어내림"으로써 시인으로서의 자기 세계의 완성으로 결론 내는 것이다.

6

앞에서 고찰한 바와 같이 최귀례 시인은 일체의 서술과 관념을 배제하고 철저하게 언어미학에 치중하여 시의 형상화를 고집하고 있음을 볼 수 있다. 게다가 현대시가 요구하는 모더니티에 치중함으로서 자기세계의 개별성을 수립하는 것이다.

가령 「피라칸사스」의 외형적 미감을 철두철미하게 미적언어로 추구한다면 「무이차」의 전통적 대상임에도 불구하고 내적 가치에 몰두함으로써 형이상학적 범위를 탈피하는 시적 지평을 그려내는 것이다. 또한 「체스게임」이나 「해우소에서」 역시 상반된 제재를 다루면서 철저하게 엑조티시즘을 통한 모더니티의 활력과 고도의 사유적 대상을 통한 상황과 의식을 조화시키는 보여주기의 경계를 그려낸다. "체스"와 "게임"이 인간적 삶의 재현으로 드러나는가 하면 "해우소"는 측상철학의 장이 아니라 삶의 한 양식으로서의 장으로 승화하고 있는 것이다.

「쿠바의 어느 오후 1」과 「오보에 칸타타」 역시 이 시인의 시에 있어서의 모더니티를 잘 반영하고 있다. 모더니티는 현대시가 갖추어야 할 필수적 요소로서 전자는 라틴 아메리카의 격조 높은 풍광을 통하여 개별성이 확실한 현대적 의식을 굼착해 내고 있다. 전통적 의식을 배제하면서 현대인의 삶이 어떠해야 한다는 정서적 가치를 형상화한다. 그리고 「오보에 칸타타」에서는 현대음악의 양식과 구조가 시를 통하여 현대성을 녹이면서 청각적 대상을 시각화하고 시각적 대상을 청각화하면서 그러한 복합 감각의 매뉴얼로서 모더니티의 진경을 드러내고 있다. 세계가 빚어내는 새로움의 정서가 조금도 구김살을 갖지 않으면서 현대시에서 드러나야 할 신선한 정서를 투시하는 것이다.

끝으로 이 시인이 추구하는 정신적 가치가 시를 통하여 어떻게 잘 부각되는가를 보는 일이다. 첫째는 자기 예술의 극치를 시에 원용함으로써 성취하는 방법론이며 둘째는 시적 화자의 정신세계가 어떻게 언어로서 구현되는가를 현시하는 일이다. 그 하나는 종교적 세계고 다른 하나는 예술세계인 것이다. 시인은 다도와 도자기 미술을 시에 접목하여 자기 내면의 화려하고도 진지한 모습을 피력하게 된다. 또는 종교적 가치 지향성을 통하여 예술적 의미와 결부시켜 다양한 내면세계의 결집을 토로함으로써 자기 정신의 충일함을 성취하려는 노력을 투영하게 된다.

여자가 테라스에 앉아 있다

시와사상 시인선 25

찍은날 | 2016년 8월 29일
펴낸날 | 2016년 9월 7일

지은이 | 최귀례
발행인 | 김경수
펴낸곳 | 시와사상사
부산광역시 금정구 부곡동 325-36번지
전화 : 051-512-4142
팩스 : 051-581-4143
E-mail : sisasang94@naver.com
http://www.sisasang.co.kr

등록번호 | 제05-11-7호
등록일자 | 2005년 7월 18일

인쇄처 | 도서출판 세리윤

값 8,000원

ISBN 978-89-94203-18-8 04810
978-89-958264-1-6 (세트)

• 본 도서는 2016년 부산문화재단 지역문화예술육성지원사업의 일부지원으로 시행됩니다
• 이 도서의 국립중앙도서관 출판예정도서목록(CIP)은 서지정보유통지원시스템 홈페이지(http://seoji.nl.go.kr)와 국가자료공동목록시스템(http://www.nl.go.kr/kolisnet)에서 이용하실 수 있습니다. (CIP제어번호 : CIP2016021045)